AF290982

STEFAN WAIDELICH | NIKHILA ANIL
OMDAT TIJGERS GEEN APEN ZIJN

Omdat tijgers geen apen zijn

Auteur: Stefan Waidelich
Illustratie: Nikhila Anil
Vertaling: Petra Brand

ISBN
"978-3-98661-107-1" Samuel Tiger Dutch Softcover
"978-3-98661-108-8" Samuel Tiger Dutch Hardcover
"978-3-98661-109-5" Samuel Tiger Dutch eBook

1e editie Nov 2023
© 2020 Stefan Waidelich Zeisigweg 6, 72213 Altensteig, Duitsland
Drukkerij: Amazon Media EU S.á r.l., 5 Rue Plaetis, L-2338, Luxemburg

Omslagfoto: Illustratie Nikhila Anil © Stefan Waidelich

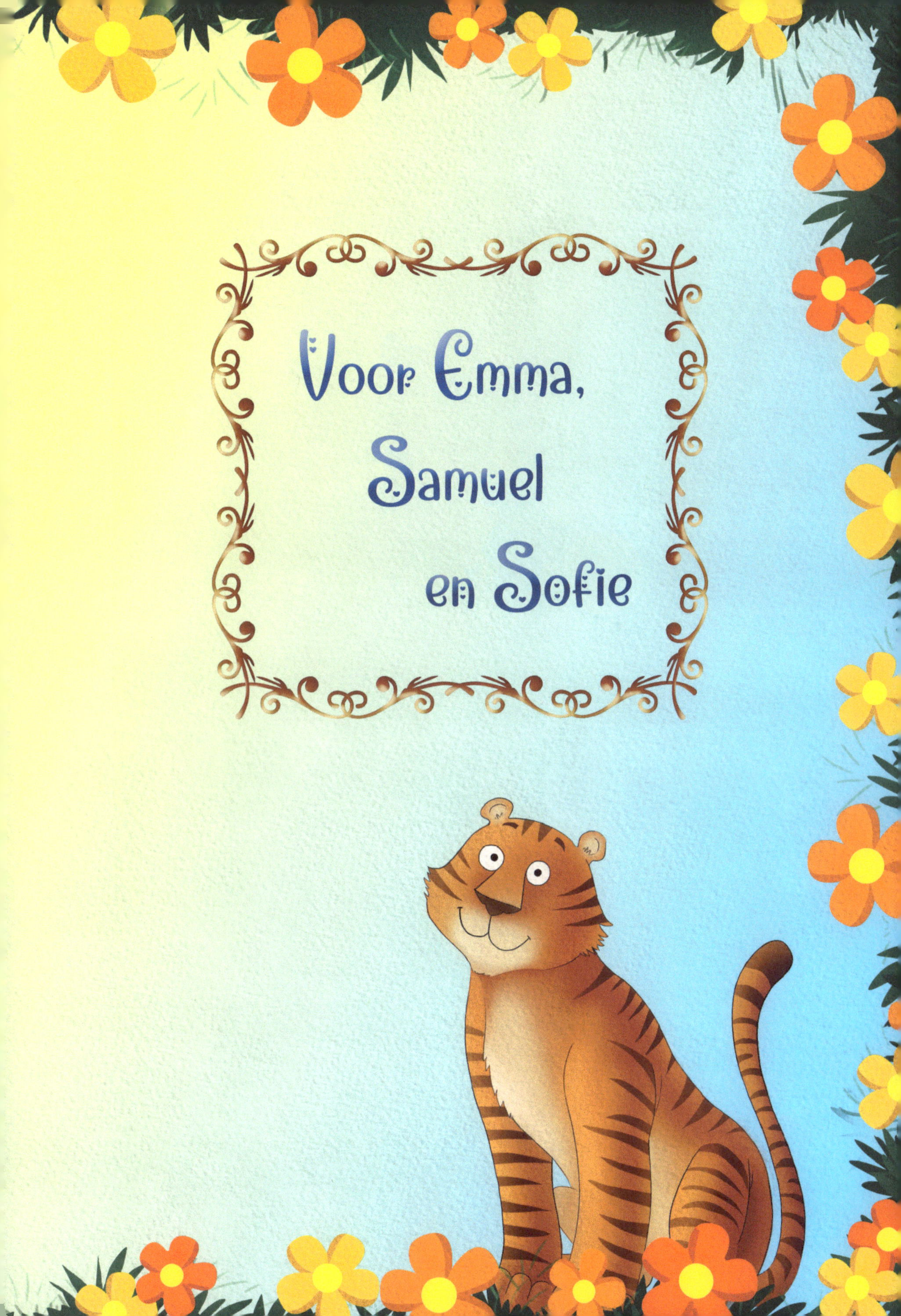

Voor Emma,
Samuel
en Sofie

"**V**andaag zullen jullie wat opdrachten krijgen", zegt juf
Nijlpaard vrolijk en kijkt vriendelijk naar haar leerlingen in de klas.
"De opdrachten zijn heel speciaal, omdat jullie deze keer samen
mogen bepalen wie welke opdracht het beste heeft uitgevoerd."

Vol spanning kijken de dierenkinderen naar elkaar. Iedereen is
er zeker van: "Ik ben de beste".

Alleen Samuel, de kleine tijger, zegt helemaal niets. Hij zit
alleen in een hoekje van de klas en voelt zich ongemakkelijk.
Eigenlijk weet hij helemaal niet zeker of hij wel iets echt goed kan.

Juf Nijlpaard begeleidt de dierenklas nu naar een hoge boom aan de rand van het bos.

"Oké allemaal, jullie gaan hier even staan!" Ze kijkt omhoog naar de echt heel hoge boom. "Je eerste opdracht is om zo snel mogelijk in deze boom te klimmen en dan ondersteboven aan je staart te hangen!"

Alle dieren mopperen, alleen Anouk het kleine apenmeisje is dolblij en roept enthousiast naar de juf: "Mag ik eerst in de boom klimmen, alstublieft?"

"Vooruit dan maar, Anouk," antwoordt de juf.
Zonder problemen slingert Anouk zichzelf de boom in.
Eenmaal boven pakt ze de hoogste tak met haar staart, hangt
er ondersteboven aan en zwaait gelukkig naar de anderen.
"Laten we eens zien of iemand van jullie het beter kan
dan ik!" roept ze lachend.

Helaas kunnen de andere dieren niet in de boom klimmen en niet met hun staart aan een tak hangen.

Finley, de vis, zeurt omdat hij niet buiten het water kan ademen en ook niet in een boom kan klimmen. Hij heeft weliswaar een staart, vertelt hij trots, maar er aan hangen kan hij niet, alleen mee zwemmen.

Ollie, de olifant, probeert met zijn slurf de bovenste tak van de boom te bereiken, maar juf Nijlpaard zegt; "Ollie dat is geen klimmen!" Ollie fluistert treurig dat zijn staartje zijn

grote olifantenlichaam onmogelijk zou kunnen houden en daarom zou hij er niet eens aan proberen te hangen.

Pip, de hond klimt wel op een lage tak. Maar het lukt hem niet aan zijn staart te hangen. Boem, hij valt de boom uit, au!! Honden kunnen hun staart helaas niet zo goed krullen als apen.

Clara, de kip, en Biko, de vogel, kunnen helemaal niet de boom in klimmen. Ze proberen daarom op een hoge tak te vliegen, maar juf Nijlpaard wijst hen erop dat ze toch moeten klimmen en niet vliegen. En ze kunnen ook niet met hun staartveren aan de boom hangen.

ot slot is Samuel, de kleine tijger aan de beurt. Hij rent
zo snel als hij kan naar de boom toe. De kleine tijger springt
en slaagt er zelfs in om zijn voorpoten om de boomstam te
wikkelen en zich met zijn klauwen vast te houden, maar dan
glijdt hij langs de hele boomstam weer naar beneden. Het ziet
er heel grappig uit als hij met een plof op de grond belandt.

Alle dierenkinderen moeten hard lachen, maar Samuel laat
verdrietig zijn hoofd hangen.

"**N**ou, wie was bij de eerste test het beste?",
vraagt juf Nijlpaard.

De kinderen roepen allemaal: "Anouk!" en klappen
enthousiast in hun handen.

"En waarom?", vraagt de juf.

Niemand weet hier een goed antwoord op. Maar dan
zegt Ollie, de olifant: "Anouk heeft bij haar geboorte alles
meegekregen wat ze nodig heeft om in bomen te klimmen en
aan takken te hangen. Dat is haar speciale gave."
Je moet weten, olifanten zijn heel slim.

"Prima, Ollie!", prijst de juf hem. "Nu gaan we naar het
meer voor de volgende opdracht."
Alle dieren zijn benieuwd wat er nu zal gebeuren. Iedereen,
behalve Samuel. Hij is bang dat hij weer slechter zal zijn dan de
anderen en dat hij weer zal worden uitgelachen.
Als iedereen aan de oever van het meer is aangekomen,
laat juf Nijlpaard een afbeelding van een schatkist aan de
dierenkinderen zien.
"Jullie tweede opdracht is om deze schatkist op de bodem
van het meer te vinden en mij te vertellen wat erin zit."

Finley, de vis, springt in het water en voelt zich meteen thuis als hij net boven de bodem van het meer rondzwemt. Hier beneden kent hij de weg.

Ollie, de slimme olifant wil het meer droogzuigen met zijn slurf zodat hij de inhoud van de schatkist beter kan zien. Maar juf Nijlpaard giechelt en zegt tegen Ollie dat het niet eerlijk is om dat te doen. Dus hij loopt gewoon over de bodem van het meer en tast met zijn slurf naar de schat.

Pip, de hond, springt het meer in en peddelt er opgewonden in rond. Af en toe duikt hij met zijn gezicht onder water op zoek naar de schat.

Clara, de kip, waggelt het water in en alle dieren zijn verbaasd. Ja, kippen kunnen zwemmen! Ze weet niet of ze ook haar hoofd onder

water kan steken als een eend, maar ze denkt dat ze het wel zou kunnen proberen.

Biko, de vogel en Anouk, het apenmeisje fluisteren met elkaar aan de rand van het meer. Iedereen weet: Anouk heeft watervrees. Plotseling springt Biko op Anouks schouder en het apenmeisje peddelt dapper door, ondanks haar angst. Biko blijft haar aanmoedigen terwijl hij in het water op zoek gaat naar de schat. De twee zijn een heel goed team.

Nu is alleen Samuel, de kleine tijger, nog over. Hij is zenuwachtig, want hoewel hij weet dat hij goed kan zwemmen, vindt hij het idee om zijn gezicht onder water te dompelen maar niks. Hij is tenslotte een kat! Dus hij zwemt maar wat in het rond en probeert iedereen te ontwijken.

Het ene na het andere dierenkind ziet de schatkist op de bodem liggen, maar geen van de dieren kan zien wat erin zit. Behalve Finley, de kleine vis, die door een opening kijkt en de gouden munten herkent. De juf prijst haar leerlingen en vraagt dan weer: "Wie heeft de opdracht nu het beste uitgevoerd?".

De dieren stemmen allemaal op Finley. Hij is immers een vis en heeft bij zijn geboorte alles meegekregen wat hij nodig heeft om zich thuis te voelen in het water.

Maar Ollie antwoordt opeens: "Wacht even. Ja, het klopt, Finley is geboren met alles wat je nodig hebt in het water. Maar misschien heeft deze taak een nog diepere betekenis dan alleen

uitzoeken wie er met de meest geschikte gave voor is geboren. Misschien ligt de schat verborgen in het diepste deel van het meer, zodat ook wij dieper zullen nadenken over onze gaven."

De dieren verbazen zich enorm over Ollies slimme antwoord. Enkelen begrijpen niet eens wat hij bedoelt.

"Dus wie heeft de test ook echt goed doorstaan?", vraagt de juf opnieuw.

Pip blaft opgewonden. "Anouk en Biko! Omdat ze samenwerkten om de schat te vinden!" Je moet weten dat honden ook heel slim zijn.

Juf Nijlpaard glimlacht. "Ik zou zeggen dat jullie vandaag allemaal heel veel geleerd hebben".

Als Samuel weer thuiskomt van school, is hij erg verdrietig en teleurgesteld. Hij vertelt zijn ouders over de opdrachten en zegt: "Ik was zo slecht!"

"Mam, je had Anouk moeten zien. Zij is een geniaal klimster. Ik daarentegen kan helemaal niets." Samuel moet huilen als hij dat zegt.

Zijn moeder neemt hem in haar armen. "Dat is oké Samuel, want tijgers zijn geen apen!" Vragend kijkt Samuel naar zijn moeder.

"Luister, Samuel, bij deze taken ging het gewoon niet om wat jou heel bijzonder maakt.", voegt zijn vader eraan toe. "Maar jouw kans komt nog wel."

Het is Samuel echter niet duidelijk hoe hij moet weten wanneer een test over zijn sterke punten en talenten gaat. Hij weet eigenlijk niet eens of er iets is dat hij zo goed kan als Anouk of Finley.

De volgende dag legt juf Nijlpaard net iets
uit, als plotseling iemand in de gang heel hard

"VUUR!" brult.

Geschrokken kijken alle dieren uit het raam. Buiten rennen sommige leerlingen wild rond, terwijl anderen bevroren zijn van angst en zich niet kunnen bewegen. Iedereen is overduidelijk in gevaar!

Samuel heeft direct een geweldig idee en hij
weet hoe alle kinderen in zijn klas kunnen helpen,
want hij kent immers al hun talenten.

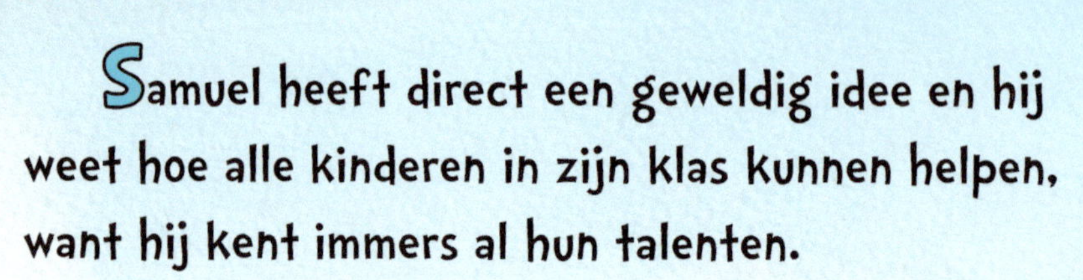

"Snel!" roept hij heel hard en zonder lang na te denken. "Luister eens naar me. Ik weet hoe we kunnen helpen!"

"Ollie, gebruik je slurf om water op het vuur te spuiten en het te blussen.

Finley! Ga langs de oever zwemmen en vertel iedereen dat ze zich in veiligheid moeten brengen.

Pip en ik proberen de anderen te redden. Clara en Biko, jullie vliegen hoog de lucht in en omcirkelen degenen die we vanaf de grond niet kunnen zien, zodat we ze kunnen vinden.

Anouk, jij beklimt de boom en haalt de kleine vogeltjes uit hun nest en brengt ze in veiligheid."

Terwijl Samuel een flinke groep angstige dieren uit het bos in veiligheid brengt, hoort hij Finley om hulp roepen. Snel rent de kleine tijger naar het meer en ziet dat de enige uitweg voor vier eenden wordt geblokkeerd door een grote rots in het water. Ze zitten in de val en het vuur komt steeds dichterbij!

Samuel zwemt zo snel als hij kan. Hij heeft
veel kracht nodig om de steen uit de weg te rollen,
maar uiteindelijk lukt het hem en met een gekwaakt
'dankjewel' zwemmen de eenden nu opgelucht naar een
veilige plek. Ver weg van het vuur.

Samuel loopt terug naar het bos. Als hij aankomt, vertelt Clara, de kip, hem ademloos dat de andere dieren uit angst voor het vuur nu in paniek aan het rondrennen zijn.

Als Samuel van de levensbedreigende chaos hoort, stelt hij zich op in het midden van het veld en brult zijn hardste

tijgerbrul. Zo hard dat alle dieren in de hele omgeving het horen. En opeens is het muisstil.

"We willen jullie helpen!" roept de dappere tijger met luide stem, "en nu volgen jullie Clara en de anderen. Zij brengen jullie in veiligheid."

Tegen de avond komt Samuel thuis en is hij erg moe. Slaperig vertelt hij zijn ouders wat er is gebeurd en hoe het zijn klas is gelukt om de andere dieren te redden. Vandaag is de kleine tijger blij, want Samuel heeft geleerd dat hij dapper is als het belangrijk is, dat hij hard kan brullen als het nodig is en dat hij sterk is als iemand zijn hulp nodig heeft. Dat is namelijk iets waar een tijger echt goed in is.

Met een glimlach op zijn gezicht valt Samuel die nacht in slaap. Nu weet hij wat zijn bijzondere talent is. Niet alleen een talent waarmee hij geboren is, maar een bijzondere gave die dieper ligt dan de schatkist in het meer!

Als de klas de volgende dag samenkomt, in een gelukkig niet afgebrand klaslokaal, vertelt juf Nijlpaard dat er vandaag geen les plaatsvindt. In plaats daarvan helpen ze bij de wederopbouw van de school.

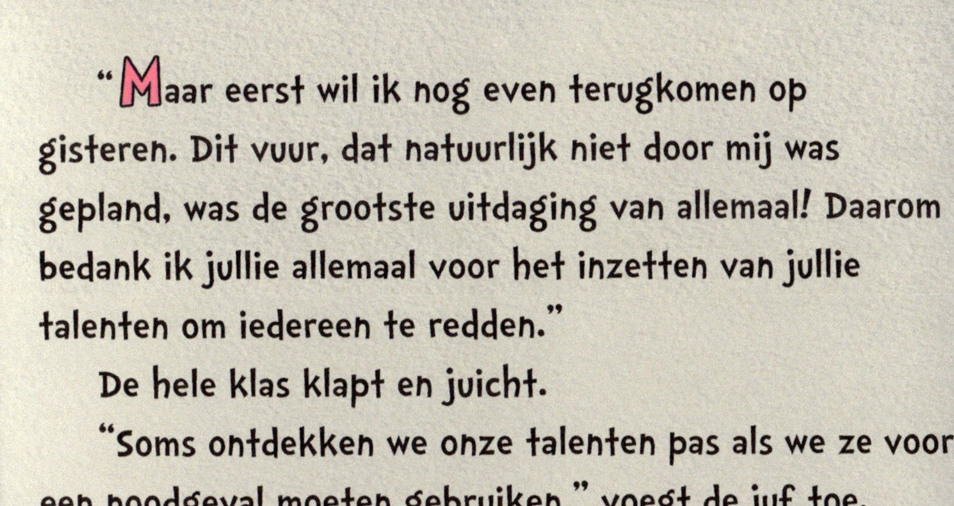

"**M**aar eerst wil ik nog even terugkomen op gisteren. Dit vuur, dat natuurlijk niet door mij was gepland, was de grootste uitdaging van allemaal! Daarom bedank ik jullie allemaal voor het inzetten van jullie talenten om iedereen te redden."

De hele klas klapt en juicht.

"Soms ontdekken we onze talenten pas als we ze voor een noodgeval moeten gebruiken," voegt de juf toe.

"Toen we gisteren allemaal in nood waren, heeft Samuel iedereen laten zien hoe hij zijn gaven — zijn moed en zijn kracht — het beste kan inzetten. Ollie heeft het vuur geblust.

Finley redde de vissen in het water. Pip, Biko en Clara hielpen de dieren op het land om het vuur te ontvluchten. Anouk redde de vogeltjes uit hun nest voordat het in brand vloog."

De klas juicht bij elke naam die de juf opsomt.

Uiteindelijk kijkt iedereen naar Samuel en alle leerlingen staan op. Nu juichen ze nog harder.

"Samuel heeft ongelooflijke moed getoond," zegt juf Nijlpaard. "Hij heeft de leiding genomen, waardoor de anderen niet meer zo bang waren en hij heeft het goede voorbeeld gegeven. Samuel heeft het in zich om een geweldige leider te zijn!"

"Vergeet nooit, dat jullie allemaal begaafd, getalenteerd en bijzonder zijn — op jullie eigen fantastische manier. En als het juiste moment daar is, zullen jullie talenten tevoorschijn komen."

De juf kijkt Samuel aan en glimlacht. Dan zegt ze:
"Nou! Zijn jullie allemaal klaar om aan de slag te gaan?"

"JA!", roept iedereen enthousiast.

En zo gaan de dierenkinderen met hun vaardigheden en
talenten aan de slag om de rest van de school weer op te bouwen.

“Ieder mens is een genie.
Maar door een vis te beoordelen op zijn talent
om een boom te beklimmen,
zal hij zijn leven blijven denken dat hij dom is.”

—Onbekende auteur

Lieve kleine genie,

Misschien voel je je net als de kleine tijger Samuel, die niet precies weet welke sterktes hij heeft. Misschien liggen ook jouw sterktes nog verborgen, zodat je soms het gevoel hebt dat je er niet bij hoort. Maar ooit zul je ze ontdekken! En vergelijk jezelf tot dan vooral niet met anderen. Geloof me. We zijn allemaal op onze eigen manier begaafd en vooral bijzonder! Jij bent uniek en dat is maar mooi ook! Als jij er niet zou zijn, zou er iemand ontbreken die heel belangrijk is voor deze wereld.

Hartelijk bedankt voor het lezen van dit boek.

En, beviel het je een beetje? Zo ja, help ons en probeer de boodschap te verspreiden dat iedereen begaafd, getalenteerd en bijzonder is. Ieder op zijn eigen fantastische manier. Je kunt ons ondersteunen met een bericht op sociale media en een boekrecensie op alle digitale platformen. Dit boek is natuurlijk ook een geweldig aanmoedigend cadeautje.

Ontzettend bedankt. Misschien ontmoeten we elkaar ooit! Dat lijkt me geweldig. Ik wens je alle geluk toe, het allerbeste en dat je je sterktes en talenten mag ontdekken.

Met vriendelijke groet,
Stefan Waidelich

Auteur:

Stefan Waidelich

is leraar van beroep, woont samen
met een kat, zes kippen en zijn gezin
in het Zwarte Woud, Duitsland,
houdt van verhalen, sport, God
en vanille-ijs. Als wiskundeleraar
gelooft hij dat het leven niet draait
om goed zijn in alles of zelfs maar in
sommige dingen. In plaats daarvan
is het belangrijk om je talent te
ontdekken en in dat ene ding
buitengewoon goed te worden.

Illustrator:

Nikhila Anil

woont in Bangalore (India)
en is van beroep en passie
kinderboekillustrator. Ze is
moeder van een jongetje die dol is
op dinosaurussen. Haar kleine tuin
staat vol met bloemen. Nikhila
houdt van warme chocolademelk
en kunst. Niets vindt ze
inspirerender dan de natuur.

Milton Keynes UK
Ingram Content Group UK Ltd.
UKHW050608210224
437994UK00010B/44